続・言葉は人間をつくる

三澤 準

ほおずき書籍

はじめに
――言葉に出会う――

人間として、この世に命を付与された最高の喜びは何か。と問われたらすかさず「言葉」を持つことができた幸せをあげるでしょう。多種多様の動物が生存している中に、私たちが人間として生まれてきたことも不思議なことです。しかも、人間だけに言葉を授かったのも大きな意味があるように思います。

私は、二〇一四年五月に「言葉は人間をつくる」を刊行しました。その過程で学んだことは、言葉の魅力、強さ、重み、そして生きる知恵です。これほど人を虜《とりこ》にする世界が他にあるでしょうか。

言葉こそ我が命と申し上げておきます。

本書は、すでに刊行した続編です。特に内容で配慮したことは、コラム欄をもうけて生きるヒントをちりばめたことです。二冊を合わせてお読みくだされば、心に残る言葉に出会うチャンスもあるのではないかと思います。新しい発見があることを願っています。尚、コラムの内容は、各章と関わりなく配列してあります。

私が、サミュエル・ウルマンの詩「青春」を知ったのは、名古屋の古本屋でした。当時、買う金もなく本屋に通ったことがあります。以来、思いだしては愛誦しています。詩の一部を紹介します。

青春とは人生のある時期をいうのではなく、心の様相をいうのである
歳月は皮膚のしわを増すが、情熱を失うときに精神もしぼむ
人は信念と共に若く、疑惑と共に老いる

人は自信と共に若く、恐怖と共に老いる
人は希望のある限り若く、失望と共に老い朽ちる

いい言葉は、人をつなぐといいますが、人生いかに生きるか、この詩は語りかけてくれます。多くの方々に願うことは、味わって読み、素直な心で読むことを通してあなたらしく生きぬいて欲しいということです。私は、ただひたすら、音読を繰り返してきました。すると不思議なことに、肩の力がぬけもだえ苦しんでいたものが、とれたように思います。

人はそれぞれ、その人らしい詩をうたっています。あなたは、どんな詩をうたっているでしょうか。たった一人の、たった一度の人生。うたい続けたいものです。

◆目　次◆

第三章　言葉は心の使い

第四章　謙虚さの魅力

第一章　人生は出会い

心が言葉を創る

心が言葉を創る
自分の言葉をもつということは
新たな自分が生まれるということである
人間は自発的に物を考え
自己表現が豊かになると自分の言葉を発する

私たちは、人間に生まれてよかった。ただ何のために、この世に生まれてきたのか。なぜ生きようとするのか。何をすれば人間に生まれてよかったといえるのか。答えは自分の心の中に。自問自答――

曖昧な言葉を磨くのも心である
好意か悪意か
美しくあるか醜くあるか
口先ばかりか誠実さや実行が伴っているか
苦しめるかここちよいか
言葉をどう磨くかそれは己の心に依る
言葉には自分を変える力がある

弱き人間の姿か

人間というものは愚かしい動物だ
自分の言行を知れば一目瞭然
この年齢になってもまだ人のことが気に掛かるのか
他人の過去をあれこれ詮索したがるのか
人様がしたことしなかったことを噂話で時間をつぶすのか

成長とは変わることである。変わらなければ、生きていることにならない。それには、自活力を高めることである。

他人の目をきにし早合点をしては苦しみを重ねているのか
三人寄るとその中の一人をはじきだそうとするのか
自分が日常どれほど愚かな言行をしているのか見つめよ
せめて生きている間に
言行が正しいかどうか見極める眼力を身につけることだ
善言は人の心を温め
善行は人を救うが跡を残さず

善と悪

人間は善と悪をもっていることを自覚することである
善のなかに悪が潜む
悪のなかに善が潜む
それが人間というもの
善も半分　適度の悪も半分が同居しているのが人間の姿なのだ
悪をもっていないと喝破《かっぱ》する人は信用できない

私は博愛主義者を警戒する
怠けや狡《ずる》さのある人は大きな罪を犯すこともなく
社会貢献を果たしているところを見るがよい
恐る恐る悪の自覚に目覚めよ
共生のなかで生きていることを忘れないことだ
悪意を否定することは人間性を失うことだ
自分の心を覗いて見るのもよかろう

人はこの地上に生まれ、やがて死ぬ。これだけなら、他の動物と変わらない。人間に生まれた喜びは、「生きる目的」を失わないことである。そしてすべての生き物に何をすべきか考えることである。

気配りは惜しみなく

満員電車に足の悪そうな老人が高校生の前に立った
誰も席を譲ろうとしない
その周りに腰掛けている大人も老人への気配りはなさそうだ
お年寄りはどんな思いで立っているのだろうか
声をかければ座るだろうか
このわしを老人扱いするなーといやな顔をするだろうか

「親切尽《ず》くが苦労の種」他人が親切いちずにしてくれることが、かえって迷惑に感じられることをいう。さじかげんで苦しむことが多い。物事には、程度というものがある。

それとも席をあけてくれるのを待っているのか
次の駅で老人は降りた
この状況での親切心・心配りとはどう対処をすることなのか
学校では子供に「席を譲る」ことを教えるだろう
席を譲った者は思いやる心があると褒められるであろう
声をかけようか迷いながら老人に心を寄せている人もいたであろう
気配りを目に見えないところで施している人から
何を学ばなければならないか

不満は不満を呼ぶ

不満の原因は自分の心がつくる
それに気付かないのが人間というもの
不平をいう前に自分が動けば解決するのに
他者に責任を転嫁し押しつけようとするから
それは自分の弱さを見せたくないからだ

新しいことをスタートするには、行動を起こすことである。考え過ぎない、準備に時間をかけ過ぎない。とにかく一歩を踏み出す勇気が、不安の解消につながる。

自分の筋書きを変えたくないからだ
人間はそれほど自分の心をしばりつけようとするのか
我田引水でますます不満が不満を呼び込み膨らんでしまう
しかし不平を望みに変える道はある
それにはまず自ら行動をおこすことだ
半眼にして物事を見つめること
やがて不満は減少し周りを明るく照らす人に
心をどこに置くかによって実態が変わってくるから不思議である

種をまく人

喜べば喜びが喜び集めて遊びに来る
悲しめば悲しみが悲しみ集めて遊びに来る
苦しめば苦しみが苦しみ集めて遊びに来る
人生は悲しみや苦しみを体験しないと
喜びが見えてこない
喜びとの出会は苦汁の先に約束される

ある高校で水泳大会が開かれた。クラス対抗リレーに、小児マヒのＹ子さんの姿もあった。からかい半分で選ばれた。懸命に泳いだ。ぎこちない泳ぎに、生徒たちの笑いと野次がとんだ。その時、背広のまま校長がプールにとび込み、声援を送った。生徒も、その姿に粛然となった。「間髪を容れず」とはこのことだ。

喜びに会わせてもらおう
その場所であなたの施すことは
優しいまなざし
あたたかい言葉
慈愛にあふれた喜びの種をまくことだ
喜びの花を咲かせることだ
喜びの種をまく人生を生涯にわたって過ごしたいものだ

願望は回転木馬の如く

願望は苦痛がともなうものだ
手に入れた願いも一時的で慣れてしまうと
次の欲が生まれる
獲得したものはやがて魅力を失い不満に変わる
繰り返し襲ってくる欲は断ち切れず
回転木馬の如《ごと》く円周トラックを走り通しているようなもの

先が見えてくると、やりたいことが山ほどあって限りがない。命は非情なもので、それまで待ってくれない。大切なことは、自分らしく生きることを忘れないことである。

円から飛び出すこともできずに格闘している日々だ
それが人間というもの
日頃の災いを見よ
不幸の源は欲が引き金になっている
やがて思うようにならない悲観のなかで幕を降ろす時がくる
このようなあり様を仏教では流転輪廻というそうだ
私たちは欲望の塊を背負っていても
この世に「人間に生まれてきた」ことを味わいたいものだ

一病息災

無病息災という言葉に惑わされるな
人間は完全無欠で無病息災などありえない
世の中を見渡せば納得できるであろう
体力に自信過剰それが災いし死を早める例が何と多いことか
無病に対して一病息災という言葉が仏典にある
「私に一病あり」と自覚する姿勢が必要だ

躓《つまず》くことが生きること。失敗なくして、人生とは何かを掴むことができない。失敗を愛せよ、さらなる失敗に挑戦せよ。これが真に生きる姿であるから。

一病の自覚から体を労り賢明な生き方を知るであろう
完全の否定は生きることへの洞察力を深めるであろう
生き方に余裕が生まれると自他に完全を求める危険がなくなる
不完全をベースにした感覚に徹すれば安定した生活が見えてくる
やはり一病息災は堅実ですこやかである
人間は必ず一病を自覚してねんごろに可愛がっていかなければならない

雪だるま

雪だるまから雪を取ったら何も残らない
雪だるまの命は雪だ
雪の上を転がすたびに大きくなる雪だるま
どれほど大きくすれば気がすむのか
人間の欲も次々と大きくなり
雪だるまのごとし

朝の来ない夜はない。願いには叶うものと叶わないものがある。一心という言葉があるように、願いは持ち続け、最後まで捨てないことである。生きなければならない目標をお持ちですか。

人間も
人間の心から欲望を取ったら心がなくなる
心は欲の塊で満たされているから
欲望を満たそうとするのだ
しかも欲望が雪だるまのように二倍三倍と増していく
どこまでいっても人間の心はこれで満足したということはないのだ
欲の心と死ぬまで付き合っていかねばならない
その欲望が人間にとっていかに災いの源であろうとも

祈る人

ふだんは神を拝んだことのない不信者が
助けを得たいと懸命に祈る
それも誰かのためでなく自分の願いだ
見るがよい
そこにはご利益を望む欲望がちらついていることを
祈りの根源は愛

自分のために祈るのではない
世のため人のために祈ることに目覚めよ
その祈りにいのちが輝く
しかし
願いが成就するのは死後になるかも知れない
そんなことに惑わされてはならない
すべてのものを凌駕《りょうが》するのが祈りである
祈りは痛みを伴うことも事実だ
願わくは「祈る人」になって生き続けたい

目の前に困っている人を見かけたら、何をしますか。重要なことは、真心をもって助ける。その時に自分が、健康でなくてはならない。健康は、自分を守るだけではない。いつでも支援ができるように、準備をしておくべきである。

こころの扉を開く

人間をつくっているのはこころである
こころがいっさいを支配する
自らこころを見よ　荒れた地にならないように耕し
種が蒔けるように準備を怠らないことだ
自分のこころの扉を開けて見れば

その気になる最良の方法は、最高の気分を味わっているところをイメージすること。自信あるごとく振る舞えば、現実にその感情を誘い出すことが可能である。

何に苦しんでいるのか　楽しんでいるのか
何が美しいのか　醜いのか
何が争いになっているのか　問題すら起きていないか
事態がどうなっているのか
それらをつくりだしているのは
まさしくあなたのこころだ
自分のこころが何にとらわれているのか
何に燃え盛っているのか　どんな感情に染まってしまったのか
よく見つめ開くことだ
自分のこころは自力で豊富な土地に仕上げなくてはならない

第二章　自ら学ぶ

さわやかな香り

さわやかな風に乗って
ジンチョウゲの花
クチナシの花
ジャスミンの花
どの花の香りもさからわず運ばれてくる
善人の芳香は風にさからわず

人生の満足度は、あなたの心が決めること。外野の声に影響された評定は、色あせてくる。満足を得たければ、欲望を捨てるしか方法はない。

世の人々にあまねく広がりながら
すべてに向かって薫っていく
悲しみを乗り越えた人々を見るがよい
まわりの人に流されず惑わされず
ありのままをそのまま受入れ
ひたすら自分らしく生きている
それが香りなのだ
せめて風にさからわずに香れ

老人の季節

人生には季節がある
最後にくる時期それを「老人の季節」と呼ぶ
あなたはどんな季節を創ろうとしているだろうか
幸運は常に準備された者に訪れる
自分の内に潜んでいる能力は
死ぬまで伸び続けていくことを忘れないことだ
そうです
よく老いることを望むなら過去にしばられず今を逃がすな

若さを保つ妙薬はあるのか。多忙の人・目標を持ち続けている人・働くことに生きがいを感じている人を見れば分かる。若返りの秘密がある。

ならば悲しい老人にならない生き方とは
体力や容色の衰えを防ぐ
依頼心を持たない
死が近づいていると思わない
個性的な生き方をよりいっそう発揮する
生活を楽しむことを学び直す
高齢者としての尊厳を持ち続ける
禁欲的・抑制的なことにこだわらない
人生に遅すぎるということはない
老人の季節を快適に過ごす人生観を持ち続けたいものだ

才能は表に出すな

才能・能力は努力の継続により発揮される
向上心なくして道は拓かぬ
身をこにして働け
人様に惑わされるな

天才とは努力することだ。ふっと沸いてくるものではない。
努力の始まりは、「どうしたらよいか」考えることである。
神は万人に努力という宝物を付与された。

できないことはない
やらないだけだ
常に自分と戦うことの厳しさを味わうことだ
だがこの世を生きていくには
才能はあまり外にださないように
みだりにひけらかすようなことはしないように
「実る稲穂は頭《こうべ》を垂れる」が如く自然がよい

人を責めず自分を高めよ

自分が認められないことに不満を持つな
それは筋違いというものだ
地位を得るだけの実力を身に付ければ
だれもが認めずにはいられない
他人をせめるのはその人の真価に気付いていないからである

本当の人間らしさとは何か。人間らしく生きるために、求められるものとは何か。その答えは、目の前にはない。自分の内なる声に耳を澄ませば具体的にどう生きるかが見えてくる。

大切なことは人もせめない　自分もせめない　自然もせめない
ひたすら仕事に専念することが肝要である
困難は自分を高めるチャンス
苦労は買ってでる
投げたボールは必ずかえる
そのボールは「実力」を高めたボールであるに違いない

心の貧しさ

欲は自己を高めようとする心の働きである
この欲望を自分の内に溜《た》めておくのではなく
誰かに役立てなければならない
誰かに必要とされるようにならなければならない
道具のように使っていただくのだ

感謝の気持ちを高めたい。それには自分が日々、周りの人に支えられていることに気付くことである。感謝の念を忘れないことである。

やがて欲望は利己から利他に広がっていく
利他の心を持つとは人に尽くすこと
人に貢献することである
欲の数々を世の不幸な人々に分けてやろうではないか
私の貧しき心にかすかな光が注がれることを願う

老年になって老人を知る

こんな声が聞こえてくる
老人を笑うな　みなが行く道
老年は人間として生まれた最後の勝負を決める時
老化と病苦と孤独をしのぎながら自己完成を目指すのが老人
老年はまだ墓場ではない
自分が培ったものを捨てるな
悟りきろうとするな　悩めば何かが見えてくる

私の小さな人生論
老人（私）は、どうあるべきか。老人に育つための準備を始めているか。老人にどう向き合うのか。これが私の楽しみ。

不安を持ち続けよ　それこそが救いなのだ
さて老人はどう生きるか　生きられるか
その応《こた》えはサミュエル・ウルマンの「青春」の詩に学ぶ
青春とは人生の時期を言うのではなく心の様相を言うのだ
年を重ねただけでは人は老いない
理想を失う時に初めて老いがくる
世の人々よ人間は老人になるのではない
老人に育つことに目覚めよ

不便の効用

文明開化に踊らされた日本人
経済効率一辺倒に価値を追い求めた日本人
アメリカイズムに翻弄された日本人
しかし今や文明の限界と危機感が迫り不安に怯えている
贅沢さも豊かさもそして便利さにも先が見えてきた

どんなに時代が変わろうとも適応力を培い、物事の本質を見極めなければならない。その基準は原理原則に基づき判断することである。変わらぬ原則を持ち続ける。

もうこれ以上人間をロボット化してはならない
手足を使わずボタン一つで動く社会
便利さや効率化の追求は五感を麻痺させ想像力の乏しい人間群を輩出した
今こそ日本人が暮らしてきたルーツを探れ
そこには経済効率を越えた広大な自然の懐に抱かれて
生活する温かい社会があった
私たちの目指す方向は自然の恵みに感謝し豊かな感性を取り戻すことだ
不便が不便と感じない社会の構築に努めたいものだ

美しく老いる

こんな老人になるな。
依存心を持つな。
学ぶことを最後まで忘れるな。
過去に捕らわれ、今楽しむことを躊躇するな。

老後を美しく生きたい
美しく立派に死にたいという考えは日本には昔からあった
美しく生きるとは老人になるのではなく
老人に成長することだ
高齢期は自分の生を完結させるための出発点

その生き方とは
老病死は万人に訪れるが一日一日を充実させ淡々として生きぬいて
時と競争することなくゆったりと楽しんで
老いの知恵が輝くような暮らしを見つけ出すことだ
そうです
老いはあなたの貴い財産です
この財産をいかに生かすか
それが美しく老いる円熟の境地であろう

同情は軽蔑の臭いがする

同情する人は善意な人なり
悪意もなく繊細な感受性を持っている人
人のこころが見えるからほうっておけないのだ
苦しんでいる人に慰めの言葉をかける姿に頭がさがるが
同情を望んでいるのか　わずらわしいのか
判断するのはあなたの推察力
厚顔無恥という言葉を思い出す

初心を貫き通した人は、あらゆる分野でよき仕事をした人である。頂上を寸前にして転落することもある。一段一段が初心でなければならない。何事も最初のころの謙虚さを忘れない。

それは他人に対する態度があつかましく恥を知らない
相手のこころの中に断りもなく踏み込むから
見下されたようでみじめに感じる
自分の弱みを握られているようで劣等感をおぼえるのだ
本来　人間は誰にもこころのうちを知られたくないのが本音だ
わたしたちは同情を通して苦しむ人に何ができるのか
共に悲しむということがわかるであろうか
苦悩をさらに混乱させ増大させるような危険はないだろうか
お節介もほどほどに自戒するのみ

バトンタッチ

死は未来に在る
一日生きたことは一日死に向かって歩いている
死に近づくことだ
我がいのち決して自分のものと思わず
人間のいのちは世のため人のために尽くすべく授かったもの
大いなる宇宙にいだかれて授かったいのちも
お返しする時が必ず訪れる

その決断はあなた自身が下さなければならない
どんな状況下であろうとも自得するまで
バトンタッチをしてはならない
あなたのいのちは愛する人のいのちの中に残していかなければならない
バトンをどのように渡すのか
その渡し方があなたの生きてきたすべてである

継続は、あなたの能力を引き出す。時間を止めて生きたい。やりたいことが、増えてくるのに時間が足りない。だが、やりたいことは、他人が与えてくれない。

死は自然がいい

いったんこの世に生を受けた者は
いつか死の宣告を受けなければならない
死を敵にまわすことなかれ
生も敵にするなかれ
それは生と死は一つであるから
死はあなたが生きてきたように訪れる

死ぬための生き方
生きるための死に方

即ち自分流の死に方を準備することだ
死の準備とは何か—
それは生きることである
人間の死も自然であって
まったく不可思議なことでもあるまい

重度脳性マヒの少年の詩から、言葉を拾う。
ぼくが生まれてごめんなさい。
「かたわな子だね」とふりかえる。
つめたい視線に泣くことも。
脳性マヒを生きていく。
悲しさこそが美しい。
この少年の人生のテーマが、伝わってくる。

第三章　言葉は心の使い

何を残せばよいのだろうか

あなたは生涯をかけて　権力　名誉を身に付けた
こつこつと財宝を集めることに奮闘した
数々の物をこの世に残そうとしていないか
あの世に持っていこうとしていないか
そんなことで悩んだり嫌われていないか
不平不満　恨み　妬みの因《もと》は集めることから生まれるのだ

失敗したことをくよくよするな。失敗したおかげで、見えなかったものが見えてくる。ひとりよがりな自分、自惚れていた自分が恥ずかしい。

集められたものはこの世に残らない
生涯にわたって取り組むあなたの仕事は与えることだ
自ら与えなさい
与えることによってつつましくありたい
憎しみや欲望をすべてすてることだ
行っているうちに妬みも消え感謝の心が芽生えてくるであろう
自由に生きることを望むなら与えることで心を耕すのだ
生涯をかけて与えつづけたことがこの世に残る

運命に逆らうな

運命とは自分の意思にかかわりなく
身の上にめぐる吉凶禍福だというのか
人生は天の命によって支配されているというのか
人の力ではどうしようもないことがある
それをめぐりあわせというのか
それを運命と呼ぶのか
ならば運命を引き受ければ自分がどう変わるだろうか

人生は、苦しみや悲しみがあるから、喜びや幸せがある。不幸や試練に耐えたことから、思わぬ恩恵を授かることがある。苦難の人生を生きた人には、謙虚さが漂っている。

引き受けるとは「人事を尽くして天命を待つ」心情だ
誠心誠意　尽くした後は運を天に任そうではないか
これらの出来事を自己責任だと自分を責めないように
追い詰められても天が授けたものだと割り切るように
逃げるのでも恨むのでも諦めるのでもない
運命を頂くと思えば気持ちも穏やかになる
おてんとうさまが見守っていることを忘れなければ
運命を引き受けることだ

いまここに生きる

いまをどう生きるのか
それには達人の生き方に学べ
それが何よりの近道
一つは心が常にここに在ること
二つは真剣勝負であること
三つは学び通すこと
さらに恩を忘れず恩を返すこと

与えられた仕事は容易である。仕事の醍醐味は、自らが見つけ出し取り組むことである。

もう一つは、働く過程で自分は、どんな人間であるのか。どういう考え方や対応をするのか知ることである。

この生き方が古来多くの名人　達人の極めた世界である
人間ことをなすにはいまこの時にしかない
いまここに命を賭ける

「心」ここになければ
みえども見えず
きけども聞こえず
たべても味わからず
古典の名著「大学」に在る言葉だ

ときめきの心を失うな

心の老いは年齢に左右されない
老いはあなたの心がつくるのだ
この世界から飛び出し神より　大地より　人々より
若さを注ぎ込むのだ
心の老いに息吹をふきこもう

いのちとは、自分が使える時間である。与えられた時間、残された時間をどう使うか、それはあなたの自由だが、いのちの輝きが醸成するまで、時間を延ばさなければならない。

自分の再発見は何に賭けるかによって決まる
その思いとは
未知なるものに燃えよう
新しい出会いをつくろう
成功経験をイメージすることを楽しもう
希望が実現可能な場面を多くつくろう
やがてみずみずしい感性が蘇《よみがえ》る
ときめく人生に乾杯

花は蒔いたように咲く

善人されど悪人それが人間の姿
老師　大師といえども同じ人間
ベールで覆われた裏を見よ
欲望の塊が渦巻いているではないか
私もこれまで仮面をどれだけ取り替え生きてきたか

植物学者の話である。朝顔の花は朝の光を受けて、咲くのだと思っていた。しかし、朝顔が咲くには、朝の光が当たる前に、夜の冷気と闇に包まれる時間が不可欠だという。人生においても花を咲かせるために、欠かせないことを示唆している。

たたけば埃のでる身
善事も悪事も背負って生きぬいてきたから今の自分がある
悪があるから善が引き立つ
悩むことはない悪も善も同居しているのだ
あなたの蒔いた種が今咲き誇る
花がどんな姿か自分で確かめることだ
花は蒔いたように咲くのだから

人生は未完のまま終りを告げる

私は精いっぱい生きてきた
良かったかどうかは別だ
人のために生きてきたと言えば嘘になる
自分自身のために生きてきたのか
人様のために尽くすことも　涙を流すことも　温かい手をさしのべることも
人一倍やってきたと自負しているが

誰に対しても如才なく振る舞っている人のことを称して、八方美人と言う。自分を守り人間関係を円滑にするが、自己を殺して生きなければならない。しかし、自分を失わないためには、あなたらしくありのままに生きることである。生き方は多様である。

だが心の底には偽善と偽悪の顔が見え隠れしている
そんな自分の姿をオブラートで包みながら生きているのが人間である
自分を裏切らないためには
自分自身のために生きぬくことだと覚悟をすることだ
悟りきろうとするな　丸くなろうとするな
どこまで行ってもこれでよいと言う境地には至り着かない
人生は未完のまま終りを告げるのだ

成熟

穀物や果物などが十分に実ることを成熟という
このりんごは熟しているのかどうかは外見から見当はつくが
こと人間については体や心が成長しているのかは
見極める尺度がない
たとえ成熟度表があったとしても心を表におさめるほど
無意味なこともあるまい

だが私の命題は「人生の成熟」だ
あの赤く色づくりんごになるためになすべきことは何か
成熟へのプロセスとは
何に命を懸けるか明確にして生きること
自分を創るのは自分を世に役立たせるためであること
一生涯を貫く仕事をもつことが人生だということ
日々の生活においてこれらの行為をこつこつと
重ねることが成熟への道であろう

人生の挑戦者たち。事をなす上で欠かせないものは、執念である。努力は誰でもがするが、その努力が執念にいたらなければ事は成らない。

明日あると思わず

きょうはきょうに生き
きょうはきょうで完結する
きょうはあしたの準備ではない
きょうがあるからあしたがあると思うな

人生を豊かにする秘訣は、理想を失わず自分を何かに賭ける情熱を保持することである。新しいことへ、小児の如く求めてやまぬ心を。

きょうもあしたも自己完結している
人生は日々の積み重ねとはいえ一日一日に意味がある
あなたらしいきょうをどうつくり出すか
それが生きることであろう
私の願いは
明日に思いを託さずきょうを豊かに過ごすことだ
心は清流の如くさらさらと流れていたい

生きることに価値がある

重度心身障害児を参観した民生委員の言葉だ
「この子たち生きている価値があるの」と数人がささやく
子どもたちには聞こえているのだろうか――
笑みを浮かべて迎える無垢な子どもたちの姿
あなたはこの光景に何を感じますか
障害に惑わされているのか
人間として見ていないのか物として見ているのだろうか
何か大切なものがすっぽり抜けている

母親や家族が耳にしたらどう思うだろう
私はショックと激怒のあまり前に進めなかった
言葉はその人の心の現れだ
人を傷つける言葉は剣よりも鋭敏である
言葉の重みを知れ
私はいうであろう
「人間は存在していること自体に価値があると」
彼等の心の叫びに謙虚に耳を傾けたい

苦しみが深いほど、羽ばたきの音は大きい。長い闘病生活から、解放された少女の言。「あたりまえのことが、これほどまで輝いて見える幸せを持ちつづけていきたい」と。あたりまえのことが、ありがたいと思える日々でありたい。

人の身になって

人間に生まれた喜びを初めて味わえたのは
人の身になって考えた時である
人のために尽くすことが自分のためになると分かった時である
それを支えるには心身ともに健康でなければ
人に尽くす思いも生まれてこないというもの
健全な精神の持ち主であれ
「思いやる気持ちは」健全なる精神に宿るという
何事も始めようとするとき周りがどう思うか

隣の人が共感し協力を得られるのかどうか考えることである
それが「人の身になって」考えることだ
人の身になって生きるとは――

慈愛――いつくしみ愛すること
信――欺かないこと
恕――ゆるすこと
譲――自分のものを他に与えること
平等――かたよりや差別がないこと
この情の世界を社会生活のなかでゆっくりと熟成させたいものだ

> 苦楽の連続が、生きることである。運命を切り開く唯一の道は、今成すべき課題を持ち一本の道を歩み続けることである。歩いて行くこと自体が貴いのである。

「道」は高遠にあらず

道は足元にある
ある知的障害者が会社を変えた
「おはよう」という朝の挨拶だった
暗い雰囲気が漂う職場に明るさがもどりはじめたのも
挨拶からだ
一人ひとりが挨拶を交わすのに時間はかかったが
彼は応答のない職場の中で声をかけ続けた

旅とは新しい景色を発見することではない。新しい視点を養うことである。同じ風景を普段と違う視点に立って見つめると、今まで気づかなかった世界に出会う。

やがて社員同士の挨拶が自然に交わされるようになると
人間関係もよくなり仕事の能率も上がってきたのであろう
功績が認められ表彰を受ける
彼のニックネームは「おはよう君」だ
人間として歩むべき道は高遠なところに求めるのではなく
身近で日常的な生活のなかにころがっていることを学ぶ

人生は出会い

出会い――どういうことをいうの
「啐啄同時《そったくどうじ》」という言葉を思い出して欲しい
それは鶏の卵がかえる時に殻の中で雛がつつく音に
母鶏が即座に殻を外からつつき破る
両者が同時に呼応しあう状況をいう
雛がつついても親鳥に受け入れる状況ができていなければ
雛の誕生はないということだ

自分が救われる唯一の道は、あなたより困っている人に心を寄せることである。その人の力を借りて、自分を奮い立たせることである。

人間社会でいえば心と心の通いあう自分に高めておくことだ
本音と本音でぶつかりあう感性を備えておくことだ
この厳しい相互関係が出会いの特徴である
私たちは出会いを深め育てるために感受性を磨き
微風《そよかぜ》にも鳴りだすような心のしなやかさがなければならない
生きがいのある人生をつくりだすために
つかのまの人生を楽しむために

世界に一冊の本

神は一人ひとりに一冊の本を賜った
この教本こそあなたの生きる道標だといわれた
やはり神は慈悲深くして指南役
ところが開くと全くの白紙
どのページにも神の言葉はない
どうしたことだ

人間の心とは、それほどきれいなものではない。放っておくと、雑草が繁茂する。常に心の畑を耕さなければならない。美しい花畑を作るために。

この教示は人間に何を問い掛けているのであろうか
この教本から何を試みろといっているのだろうか

一つはあなたの生きてきた人生を自由に書き込むために
二つはあなたの道標は神ではない自分自身が見つけ書きとめるために
三つは刻んできた人生を神に届けるために

世界に一冊の本とは心のことである
あなたの生き方を心に刻み一冊の本にすることだ
それが自分らしく生きてきた証だ

喜ばれることば

語るなら真実のことばで
語るなら喜ばれることばで
語るならけがさないことばで
語るなら自分のことばで

人生は、失敗と後悔の連続である。だが、後悔のことばを吐かずに最後を飾りたい。それには、本当にやりたいことに徹しきること。自分に忠実に生きることだと思う。

語るなら慈しむことばで
語るなら笑顔からでることばで
語るなら尽くすことばで
語るなら後悔をしないことばで
語るなら人生を潤すことばで

好きも嫌いも生きてる証

自由に生きたいと欲すればわがまま者と呼ばれ
非難を気にすれば本来の力がだせず不満が増す
正直に生きたいと欲すれば好きな者をそばに置き
嫌う者を遠ざけようとする
人間は強いようで弱いもの

名を残すという気概は人間として大切なことである。初めから無名でいい何も名を残さないでもよいと考えることは、決して謙遜でもない。志を抱くことは人間として重要である。

地球は自分中心に回っていると錯覚をおこしていないか
この態度は生きている証であり不自然とはいえない
しかし感情に支配されていては不信だけが残る
何が自由か不自由か
何が好きか嫌いか
それは迷いにすぎない
捨て去ることに努め真っ直ぐに進むことだ

第四章　謙虚さの魅力

見る窓が変わると大きな発見に気づく

窓とは心のこと
自分の心に火が灯されると
見えなかったいくつもの窓が見えてくる
それらの窓から覗いて見よ
相手が映している心の動きに驚かされる

私の見ていた窓はあまりにも偏狭で恥ずかしい
曇った窓からは美しい景色は見えてこない
窓が変わると自分のなすべきことが分かってくる
窓を多く用意したのは相手であり
心に火を灯したのは自分ではなかった
相手が心を耕してくれたのだ
私はこれから何を配達すればよいのだろうか

与えることは、貰うことより難しい。与えて誇らんとしていないか。利益利得を望んでいないか。哀れんでいないか。楽しんでいないか自戒するチャンス。

ランプを灯し続けよ

人は自分なりのランプを持っている
それは経験というランプだ
行き先を導くランプを灯し続けよ
経験から得られた教訓を生活に広げ積み重ねることだ
経験から学んだ言葉をもっと語ることだ
それが自己を語ることになる

大きな仕事をやってのけるには、自分自身にプレッシャーをかけることである。気力と忍耐が味方する。他人からかけられたプレッシャーは負担が倍増する。

とかく書物に書かれていることを信頼したがるが
そうではなく
自分の眼で実際に見たものから学んだ知識こそ深めたい
あなたの灯すランプは経験の積み重ねの中で得た知識で
灯されていることであろう
あなたの物の見方　生き方は経験の上に
築かれていることであろう
人はみな経験から導き出された説得力のある考え方に
賛同するに違いない

尊敬の念は学ぶ心から生まれる

豊かな人生を築くには尊敬のできる人をもつことだと思う
尊敬の念を抱くのは他人の人格・行為から教えを請う謙虚さがあるからだ
自分を高めたい
この人の側《そば》で座を温めたい
今は実績もないがやがて人間として尊敬されると信じたい

自分はたいした人ではないと思わないことだ
そうです
自分を褒めなくては尊敬の念は醸成されない
自己の成長はまず自分に惚れ込むことから
それは決して傲慢の振る舞いではない
学ぶ心から自分を見つめ直すことは大切な生き方である

尊敬語は、心の美しさの表れ。品性はことば遣いから磨かれる。ことばを選び、発すべき時に発した時、心に残る。そこに気付かないのも人間とは。

判断の功罪

茶人古田織部のたどりついた世界に学ぶ
「きずやいびつの中にこそ奥深い美しさがある」ことを悟った織部は
つまり見る視点を現実にしばられない天空の一点から
見つめ直したのだ
ところで私たちは何事につけて価値づけや判断をいとも簡単に下すが
判断の功罪について何が生じてくるのか無関心である

良い悪い　美しい醜い　有る無い
強い弱い　若い老い　大きい小さいなど
分けられない価値づけられないものに白黒つけたがるのも人間だ
そこにどれほどの正しさがあるだろうか
しかも分けることから苦しまねばならないとは
分けることを捨て濁りのない生きかたをしたいものだ
清く生きよ

物事を両面から見ることは、珍しいことではない。要は「決めつけ」を捨てることである。捨てると物事がすっきり、見えてくる。

一本の竹箒

「竹箒が我を呼ぶ」
「我れが竹箒を待つ」

一本の竹箒が私の学校経営を支えた
始めた頃は
掃く　きれいにする
掃く　整える

早朝　風雪にも拘らず、
牛乳配達の老人に目が留
まる。
この老人は、自転車で牛
乳を配りながら「健康」
を送り届けているのだ。
私は何を配達しようとし
ているのか。

掃く　自己満足に浸る
掃く　人からの賞賛を期待する
だが継続から得たものは
掃く　わくわくする
掃く　ただひたすらに
掃く　竹箒に温かさが伝わる
掃く　振る舞いが目立たぬように
私は一本の箒から教育の神髄を学んだように思う

大樹から学ぶ知恵

役目を果たす。特別のことではないのに、
同朋の笑顔に励まされた。
笑みに勝る力水は、他にあるだろうか。

大樹を支えているのは水分・養分を吸収する根だ
人間も理想的な生き方を根に学べ
根は目立たぬ所で凛《りん》として水や養分を送り続ける
根は樹木の気持ちに応えようと自分を太らせ準備をしている

根は自分が育てている木がどんな姿なのか知ることもなし
根は人々から賞賛されることもなくひたすら茂ることに努め
そこに喜びを見いだす
根は人間に徳を積むことを優しく教えている
そうか
自然は人間に何を大切にして生きればよいか語りかけているのだ

ウサギとカメ

イソップ物語の作者はギリシア人アイソポスである
世界の子どもたちはどんな見方をするのだろうか
イラン人は「あれはカメが頭がよかった　カメは自分そっくりの
弟をゴールの近くに隠しておいたカメの策略勝ちさ」
カメにとってウサギは敵だ
インド人は「カメは悪いやつだ追い越して行くとき声をかけるべきだ
病気で寝ていたかもしれない」競争していても仲間と見ている

日本人は「ウサギが居眠りなんかしちゃったのがいけないのよ
初めから競争なんかしなけりゃよかったのよ」
さてさてこの決着をあなたはどうつけますか
わが子にどのように語りかけますか
あなたの言葉がけがあなたの人生です
私のまとめは
真心をもって助ければ必ず助けられる
これほど美しい補償は他にあるだろうか

重度の脳性マヒの少女が、辿り着いた境地。自由が奪われ、車椅子とベッドの生活。全面介助から身体が衰えて行く日々。

その中で身に付けたものは、「ありがとう」と「温かいまなざし」であった。逆境から生まれた言葉は重みがある。

楽しむ

学ぶ姿勢が人生を変える
学ぶとは素直なこころで真似ることである
学ぶとは批判の目やわだかまりを捨てることである
さて先人たちはどんな学び方を極めてきたであろうか
学ぶ道筋には三条の道がある

本当に学ぶとは、教えられたことを自分流に組合せ、独創性を生かすこと。頭にはめられたたがをはずすことが学ぶことである。

知るだけの人
好むだけの人
楽しむ人

知るだけの人とは功名心に駆られて学ぶが限界と諦めが漂う
好むだけの人とは知るだけの者より深いが偏りができてしまう
楽しむ人は飽きがこないからやめることもない
その人のこころは広く温かい
話題も豊富で遊びごころがある
知識を楽しむことができたらどんなにか
こころ豊かになるであろう

鉄は熱いうちに打て

幼い子ども時代は日々の成長が大きい
寸時を惜しまず啓発的な訓練を施すべきだ
この時期を無駄にすると取り返しのつかない人生を送ることになる
常に知的活動や精神的冒険に挑む環境を用意することだ

子供の頃は、夕方がなかなかこないのに老年期の一日は、何と早く過ぎるのか。時計の時間は、同じなのに。その差は、体の成長と衰退の両極にある。

やがて成熟期・老年期に入ると肉体も精神も衰え始める
老人にとっての心得は
仕事をやめたり隠居をしては益々衰える
暇は若者よりも危険である
休息は与えるべきでない
冷酷に聞こえるが若い時のような時間を取り戻すには
からだを鍛え頭を使い新しいことに挑戦することである

偏見は魔物

人間の認識には偏りがある
その偏見が心を惑わし実態の把握を困難にする
人間の最大の欠点は偏見があることだ
すべての人がもっている
だがやっかいなのは偏見を自分で気付かないことである

幸・不幸は、比較の中で考えるものではない。どんな状況であっても、生きていることに意味がある。生きることを自覚することが、幸せの根本である。

そこから抜け出る道は「偏見の自覚」であろう
自分流の判断にストップをかけ尺度を取り替えてみることだ
物事を見る窓を多くすることだ
自分の物差しが錆びないように常に新鮮にしておくことだ
今までと違った景色が表れてくる
偏りが少しずつとれて本当の姿に出会う

心のスイッチが入ると偏見を自覚する自分に出会う

人

「人」という字は互いに支え合い
かばい合って立とうとしている
何と微笑ましい世界であろうか
どちらかが力を抜けばたちまち倒れてしまう
支えることは支えられること
支えることは他人への思いで生きること

自分が助かるたった一つの方法は、自分より苦しんでいる者を救うことである。やがて相手の笑顔に勇気づけられ、生きがいになる。救うことは救われることである。

相乗効果という言葉はここから生まれた
人間は弱い動物だ
自分の足で立っていると息巻いていても
一人では一瞬たりとも生きられない
すべて支え合って生きぬいているのだ
私たちは生涯にわたって支え合うことの大切さを「人」という字から
学ばなければならない
それが人は人によって育つことの証である

第五章　自分らしく暮らす

病むのも自分らしく

病む時も自分らしく生きる権利がある
誰でも心のままにゆったりとした気持ちで生きたい
人間は自己を深く省みるのも病む時であろう
心を閉ざせば苦悩だけが襲いかかる
ますます自分の心を痛めつけてしまうのだ

自分のものさしを持っていますか。忠告することは、容易だが、許す力を養うことは困難である。許す能力は、自分を知るものさしである。

生気のない不自由な心にしてしまうのだ
からだは病んでも心まで病んではならない
世の人々を見よ
肉体は病んでも心健やかに過ごしている
病を乗り越えているではないか
心の働きは病魔に勝つ強靭な力を蓄えている
病む時も自分らしく自由に生きたいものだ

一つのことに命をかける

一つのことを継続する秘訣は次の如く
不満を吐くな
言い訳をするな
目的意識を高めよ
結果を期待するな
やるべきことを絞れ

好成績を望むなら、自らにふさわしい重荷を背負え。それが、渾渾《こんこん》とわきでる泉となる。やがて水がすみ魚の棲む泉となる。

必ずできるという誇りを持ち
孤独に耐えよ
心のそこから惚れ込む
ゴールはあくまで通過点
多くのことに汗を流すことなく
一つのことに命を賭ける
あなたがどうしてもやり通したいと考えている
一つのことは何ですか

なぜものが見えなくなるの

途中で手を抜くのはよくない
なすべきことをしないのもよくない
都合のよい情報だけで決断するのもよくない
上司の指示をうのみにするのもよくない
これらのことを繰り返していると
ものが見えなくなるからだ

失敗という言葉はない。成功するまでやればよいことだ。また自ら苦しいと思うが苦なり。働いてみよ、苦にならぬまで。苦とは、失敗とは、外にあらずして内にあり。「果てまで行く」。

本質がどこにあるのかそれすら究めようとしない
何が本物かどこに目をつけるべきか分からなくなる
本態を見失うと
悪が善の姿になって
苦痛が快楽の姿になって、
憎むべきことがいとおしい姿になって
現れているのに気づかなくなる
大切なことは決断した事項を再度こわす勇気をもつことだ

自分でなければできないことがある

言葉は人を大きくし
人は言葉を深める
自分を支えているのは言葉の力
言葉は自分を磨く道具なり
山本有三著「路傍の石」の中で次野先生が少年吾一に
語る言葉が思い出される

「たったひとりしかいない自分を
たった一度しかない一生を
ほんとうに生かさなかったら
人間　生まれてきたかいがないじゃないか」

この言葉に感応した吾一は人生に誓うものを持って
歩み出す
私は今までにどれほど人生に誓うものを持って生きてきたのだろうか
せめて「自分でなければできないこと」に目覚めたいものだ

実行に移されない計画は無に等しい。実践しながら、さらなる素晴らしい計画に挑むことが成功の鍵である。

はじめの一歩

小さな失敗を恐れるな
挑戦しなければ成功するかどうかわからない
道を切り拓くことは非常に勇気のいることだ
私たちは多くの読書や講習会に参加して知識を深め
自分を磨くことはするが実行までつながらないことが多い

あなたに失敗という言葉はない。成功するまでやり通すこと。小さな成功体験の積み重ねが、大きな障害を乗り越える力になる。その先は祈りである。

考えること信頼すること納得することなど身に付けたが
行動が伴わない知識は何の変化も期待できないことを知るべきである
決意を滔々《とうとう》と述べても実行に移さなければ
何も考えていない人と同じことなのだ
行動まで高められたとき初めて知識は生きて働く
あなたは何をお持ちですか
重要なことは何のために実践するかである

木の葉を落とした樹のように

喜びの先に必ずしも喜びが待っていると思うな
尽くしきれない苦しみに変わることが世の常
苦しみから遠ざかり離れたければ
苦しみが起きる原因を持つな
憂いを引き起こすもとを望むな

生まれるとは、どういうことだろうか。母体からこの世に顔を見せるだけでは、動物と同じだ。人間は、生まれて幾たびか生まれ変わって、ようやく人間らしくなる。そこには、常に苦痛が伴なうと心得よ。

願ったり頼ったり近付いたりしてはならない
押し寄せてくる執着心を払いのけるのだ
苦汁に耐えよ
得たものは僅かでも温め続けよ
そしてただひたすら独りで歩め
人々から口汚くそしられても毅然として進め
木の葉を落とした樹のように独りで行け

妬みの根源

人間の感情は複雑怪奇か
物の見方を縦から横に移すと思わぬ発見に出会う
妬みは向上心の表れにあるのだと考えが一変した
これまでに妬んだこと妬まれたことがあるだろう
その時の心の動きを想起するがよい
妬みの感情がどこにあるのかわかる

言葉を磨くことは、自分を高めることである。開眼した一言、私を生かした一言は、どんな財宝よりも貴い。言葉の重みを知る。

人は立派になればなるほど非難や妬みの矢に当たりやすいことに気付く
ならば非難の矢に当たる人間になろう
妬みの矢に当たることに誇りを持とう
それらの試練がすべて自分を磨く栄養剤だから
私は今妬みの矢を受けるだけの
資格があるだろうか
妬まれるほどの人間性が
培われているだろうか
周りから注視されるほどの
人格の持ち主であろうか

自分の汚れは自分で落とす

人間は罪を犯さなくとも苦しみを背負わざるを得ない
他人との関わりは知らず知らずのうちに傷つけたり
つけられたりしながら暮らしているのが自然なのだ
それも日々　積み重ねているから気付くこともない
この染みついた心の汚《けが》れを自力でどう洗い流すかだ

それには自分流のやり方でやるのがよい
奉仕の心を持つこと
受けた数々の恵みを返すこと
どんな人間も生きていることに価値があることを知る
これらの行為に目覚めた時
心は研ぎ澄まされる
心の汚れを落とすのは自分である

自分をどれほど問い詰め、たたき直しても変わらない己がいる。昔の臭いがとれないのは、生きぬく根っこを支えているからである。

がんばらなくても

これ以上なにをがんばれというのか
あなたは自分の置かれている場所が分かっているのか
人はその人の立場に立った声がけを待っている
「もうがんばらなくともいいんだよ」
「逃げたっていいんだよ」

「咲く場所がきっと見つかるから」
この一言が心に響き勇気づけられるのだ
なんと厳しい言葉であろうか
どんなところにも幸せはある
どんなときでも幸せを体感できる
いかなる困難な状況であろうとも幸せに
変えていく努力を掴みとって欲しい

願った時は、半分 成就している。この言葉に出会って久しい。私はどれほど、願ってきたか。成就の実感が持てなかったのは、執念にまで燃えていなかったのか。

病んで人生を味わう

病むからだ
健康のからだ
どちらも自分のからだに違いない
自分のからだを知るのは病む時であろう
病んで初めて自分のからだを内から省みる

一つの言葉がすっと胸におちるのは、その言葉を受け入れる土壌がその人にあるからだ。言葉は、あなたを支える大きなエネルギーとなる。

健康な時　内省など考えもしなかった人が
いのちについて考える時間が与えられるのはこの時である
本当に自分のからだと向き合うのは病む時であろう
ならば神が授けた試練に耐えるのではなく
受け入れることだ　祈ることだ
それは肉体が病んでも心は健やかで生きぬくため
病んで人生を味わう

第六章　よく生きる

さわやかなしぐさが

ほほえみは自然がいい
心から滲《にじ》み出るほほえみは周りを明るくするからだ
人々に幸福をもたらすからだ
顔の美はほほえみである
微は美なり
だが作り笑いのなかから人を魅了する美は生まれない

仏教に「顔施」という言葉があるように
それは貧しい人も老人も寝たきりの病人も
勇気づけられるささやかなしぐさだ
ほほえむしぐさに人々は自足し素直になる
人間は人間として生まれた以上
せめて忘れることなく施したいものである
ほほえみとは何とすばらしい贈物であろうか
それは金も財力もかからぬ真心であるから

「隣の花は赤い」という諺がある。人間の判断は、距離に左右される。近くにあった時は感じなかったが、遠くへ行ってしまうとかけがえのない人であったことを知る。

知識は豊かでも

知は力なり
知は身を助くるなり
知は危機から脱出する支援者なり
知は決断力の決め手なり
豊かな知識は人生を切り開く羅針盤といえよう
そうです
物事を知ることは難しいことではない

判断を誤らない人は、利と害の両面からものを考える。よい条件から悪い条件を見つけて、気持ちを引きしめる。悪い条件から、よい条件を発見し、希望を捨てないで生きることを心掛けたい。

難しいのは知った後いかに行動するかである
行動のなかで知恵を磨く
そのことが本当に生きて働く知識だ
新しい情報を多方面から集めることにエネルギーを注ぐが
それをどのように使うか
どのように生かすか
その使い方に英知を傾けたいものだ

人生はバネの如く

バネには　圧縮バネ　伸張バネ　ねじりバネがある
どのバネも屈折していなければバネにならない
屈しているから伸びることができる
圧縮されればされるほどエネルギーを蓄えるバネ
目立たない所で強烈な力をためながら縮むバネ
屈していることに誇りを持つバネ

人間もバネの如く生きたい
先頭に立って歩かなくともよい
目立たなくともよい
屈しながらも強靭な力を蓄えろ
伸びきってしまえばその先伸びる可能性がなくなる
屈することは敗北ではなく大きな飛躍に繋がるのだ

古傷はそっとしておくものだ。小さな過失はとがめない。相手の傷をあばいて、有頂天になっていないか。思いやりをどこに置いてきたのか。

自制心は逆境のなかで強化

日本の子供達に最も欲しい力は逆境に対処できる能力である。その方法は、パブロフの行った犬の訓練の原理を応用することである。

人間の価値は自制心の抑制にかかっている
人間が最高に成長する条件は
適度の欠乏状況の中で奮闘する気力を高めることだ
日頃から空腹や眠気それに好きなことを抑制する訓練が必要である
特に食べ物の取り過ぎは自制心の欠如につながり危険である

人間は
不自由が不自由でなくなった時
不快が不快でなくなった時
自制心が強化されるのだ
訓練によって身につけたものが習慣化されたのだ
ベルがなったら唾液が自然にでる条件反射を思い起こせ
長く平和や繁栄の暮らしに保護されていると
心身の発達や適応の仕方も変わってくる
よく見よ
欲望を完全に満たした人間が堕落している姿を
自制心は逆境を乗り越えた人が身につけた人間力である

独りの時間

人間はひとりでいる時の過ごし方で生涯が決まる
所詮　生きるも死ぬもひとりぼっち
ひとりでいる時の自分をどう創るのか
それが肝心なのだ
巨人軍の王選手は帰宅すると部屋に閉じこもり
一本足の打法を何百回となく納得のいくまで繰り返したという

物事を変えたり、慣習に新しい風を吹き込むことは容易でない。それには、自分を変えることである。他人を変えることは難しい。

畳は擦り切れボロボロになった
ひとりでいる時の生活がそのままグランドに表れるのだ
王選手に与えられた国民栄誉賞はひとりの時間の過ごし方にあった
私たちにできそうなことは一日の生活のなかに「考える時間」をつくることだ
それもひとりで考える場でなければならない
考えるということは重労働だ
自分との戦いの時である

どこに心をおくのか

人生は因果関係で説明できない出来事が多い
それが「偶然の一致」という現象だ
この事実を科学的に証明できなくとも
そこには深い何かが隠されている

自分の境遇を幸福か不幸かと、色分けすると暗くなる。人生の刻み方は、何によって内面の充実を高めるのか、考えることである。未成熟な部分と付き合っていると、ごつごつとしたものが取れてくる。それが、人間として成長していくこと。

偶然の一致は単に結び付けられたものではない
非合理的な出来事だと解釈してはならない
偶然には意味がある
その意味のある偶然の出来事を探ることが大切であろう
なぜならば
人生の大半は因果関係で説明できない出来事のほうが多いからだ

思えば出る

「思えば出る」という言葉が今も頭から離れない
俳優の宇野重吉が俳優術の根底に据えた言葉だ
役は演じて見せようとするな
その役の気持ちになれば自然に表にあらわれる
宇野の演技と言葉が一つになった実にいい言葉だ

若返りの妙薬は、多忙であること。仕事を依頼する時は、一番忙しい人に頼むと、好成績を上げる。忙しい人になれ。

私はこれまで「言葉は人間をつくる」といい続けてきた
宇野の最後は担架ではこぼれ舞台に立った時
観客に向かって「思えば出る」と連呼し、幕がおりた
この言葉はぎりぎりのところまでいかないと
生まれてこないような気がする
あなたはどんな言葉を持つことができるであろうか

幸福の神秘

自分の幸せの中に喜びを見つけることはたやすい
ところで他人の幸福の中から自分の喜びを発見することが
できたらどんなにか人生が豊かになるだろう
豊かな心の人とは

あなたに課せられた人生は、他人のためにに尽くすことである。尽くす人生に、自分を賭けて見る。どの方向に歩いているか常に問うことである。

周りの人が何に喜ぶかを描きながら行動する
新たに生きる目的を探す原動力をつくる
人のために何ができるか意識を高める
ここに幸福の秘密が隠されている
与えられた時間を最大限に生かしたいものだ
あなたは他人の幸せを考える時間をつくっていますか
周りの人々を楽しませせる状況を想像して動いていますか

味噌臭きは上味噌にあらず

味噌臭きは上味噌にあらず
この言葉に出会って何年になるだろうか
禅者の仲間で交わされている会話のようだ
その言葉から伝わってくる思いはそれぞれに違うであろう
この名言とどう付き合うか考えた
一つの言葉から「自分流」の生き方を探り
深めていくことが真に自分の言葉となる

信頼関係の崩れは、完璧主義から生ずる。ほどほどに、許す場面を用意すること。だがそのさじ加減は、難しい。尺度は、自分でつくらねばならない。

体に染み付いた言葉それは生きる力なり
そこから得た三つの訓育とは
何事も学んでいながら学びをちらつかせない
何事も知りながら知らない振る舞い
何事も分け与えながら目立たぬしぐさ
これを私の人生訓に
そんな抜けた境地に自分を賭けるのも楽しいのでは

第七章　苦境は生まれ変わる前兆

満足は代わり合う

神は一人として同じ人間を付与されなかった
千差万別　十人十色これが人間の姿か
なぜ同じ人間を造らなかったのか
その真意は
すべて人間は同等で尊いからだ
同等であれば自分だけが満足を独り占めにすることなど有り得ない
あってはならないから

人の心を動かす言葉には、真心がこもっている。人は言葉に魅了され、その人間の品格に感動を覚えるのである。

自分の満足は必ず他者に不満足を与えることになるのだ
満足は順序よく交替すべきである
しかも満足度は七分ぐらいにして次の人に譲るべきだ
この世の人間同士の争いを見よ
満足の交替がいかに難しいか
譲るには忍の一字がついて回る

苦しみの岸に立つ今

> おごりたかぶって人をあなどる。自分は偉いといきまく。疑い深く他人を信用しない者は、特別にも強い執着を持つ。

苦しんでいる人が発する言葉に
「どうして私がこんな目にあわなければならないのか」
「自分が何をしたというのか」
「神や仏は助けてくれないのか」
人間は弱い動物だ
病や困難な状況が訪れると周りに責任を押し付け
少しでも苦痛を和らげようとする

だが人様に不満をなすりつけるようでは
艱難《かんなん》　困苦　激流を乗り越えることはできない
苦しみは外から来るのではなくあなたの心から到来する
自分自身の動揺　不安　恐怖　迷いから生まれるのだ
この苦しみから抜け出すただ一つの方法は
すべての事柄に執着しない心を持つことである
執着のいっさいを捨てたとき苦しみから解放される

幸せは不幸の前兆なり

誰の人生にも幸せ不幸せはついてまわる
幸せの時はすでに不幸の種が撒かれている
ただ気付かないだけだ
幸せは不幸の前ぶれなり
必ずその時が巡ってくる

やる気を引き出すスイッチを自ら押していますか。人間は、したい、出来る、しなければならない、この三点が揃うと、一気に動き出す。最初の一歩に精力を注ぎこむ。

苦しんだ分だけ喜びも大きいのだから待つこと
肝心なことは待ちかたである
それは春の雪がとけるようにあせらずに待つのだ
あせればぐちになるから

絶望は成長の姿

絶望をしたことのない人間は失格である
子供が絶望したということは聞いたことがない
人間以外の動物も決して絶望しない
人間が成長していく青春以降に体験する徴候だから
それは自分自身の非力と空《むな》しさから生まれるのだ

戦場に連れていかれる象の話。敵軍が次々に矢を放つ。象は、刺さっても耐え忍ぶ、吠えもしない。そんな象になって見たい。人々からそしりを受けても、耐えたいと思わないか。

「絶望」したことがありませんと言うのは
無気力かごまかしを持ち合わせた人間である
絶望をこよなく愛せよ
今の自分を否定しながら新しい自分と闘っている姿を称えよ
超克の取り組みが精神を高めていく過程であることに目覚めよ
そうです
絶望とは生まれ変わっていくための苦しみである
己が乗り超えるための糧である

いい加減

「冗談もいい加減にしろ」
「いい加減なことを言うな」
「いい加減なやり方だ」
このような人は無責任で条理を尽くさないと評される
ところが「いいかげん」を漢字では「好い加減」と書く
「この温泉は好い加減の湯だ」
「この味は好い加減で美味だ」

ほどほどにしないと、息が詰まる。何事も過ぎたるは及ばざるが如し。愚の世界をつくることのほうが、どれほど大変なことか。

「パンの焼き上がりが好い加減で食べたくなった」
ここではよい程あいとか適当或いはほどほどで大好評
でたらめで投げ出している姿勢ではない
試行錯誤しながら良い製品を生み出そうとしている
これが好い加減の意である
人生を好い加減で生きることを薦めたい
だがこの生き方ほど難しく奥が深いものはない
それは「知り尽くしていて知らない」境地だからだ

待つ

人生とは大半が待つことである
待つことに寄り添いながら生き抜いている
春をまつ
友をまつ
健康回復をまつ
入学をまつ
成人をまつ
役職をまつ　など

生を追いかけてくるのは、死神である。死神を敵にまわすと、死の誘いがくる。死神が入り込むすきをつくらない。遠方に休ませておく。

あなたはどんな待ち方をしてきたか
遅すぎることからくるイライラ　待つことの時間の長きこと
待つことが耐えられず気持ちの破壊
人間はみな願望を持ち期待して待つが満足度は低いようだ
「待つ間が花」というもの
どうやら待ち方は千差万別
しかし穏やかな待ちは「待たぬ月日は経《た》ち易《やす》い」のことわざに
落ち着きそうだ

自然は急がない

自然は急がない
人間はなぜ急ぐ
自然の流れに寄り添えば
苦も楽もないのに
流れに逆らうから苦しみを呼び込むのだ
自然流の生き方がいい

独りを楽しむ時間を真剣に考えることが、心の再発見。生時死時も独り。独りの時間は人生の最後にやってくる。老いの中で、孤独を温め独りを楽しむことの喜びを味わいたい。至福の時間を創りだす。

自然とはありのままの自分に徹しきることだ
のんびり生きているように見えても
ここぞという時に期待に添えるよう力を蓄えておくことだ
人生には「無用の用」という大切な生き方がある
急ぐことにストップをかけ真剣に横道にそれてみよ
無駄や道草が何と楽しいことか
無用の中から大用を発見するであろう

しわ

深みのあるしわ
やさしいしわ
温かいしわ
ごつごつしたしわ
どのしわも味がある

人間はさまざまな体験を積み重ねないと賢くならない。本を読むだけでは太らない。体験は、没頭することが第一条件である。反省や修正は、終了後にすべきである。迷いながらの体験は、真の力となり得ない。

どのしわもぬくもりがある
どのしわも無言で語っているようだ
顔のしわはできるものではない
自然につくられるものである
自分の顔に責任をもとう

差あって別なし

真の平等とは一人ひとりの違いを生かし
持ち味を豊かにすることであろう
それが基本的人権の保障である
差あって別なし

一日生きることは、一日死に近づくことである。生まれてから死ぬまでに、これ一つ成し遂げれば人間に生まれてよかったと、充足できる自分にしなければならない。

平等の名のもとに不平等に扱われていないだろうか
同じ土俵にいることに血の滲《にじ》む思いをさせてはいないであろうか
民族　生活習慣　能力　身体状況の異なる者が同等に扱われたら
酷なのだ
神は「人間に決して平等でありえない」という事実を付与された
一人ひとりに最も適した任務があることをしらしめた
それが神の贈物である
平等とは何と厳しい世界であろう

第八章　人間は弱き動物

顔

顔は常に衆人にさらしておかなければならない厄介なものだ
人様の顔は良く見えるが
どのように映るかそれはあなたの力量による
自分の容貌は人様にどう映るのか知るよしもなし
なるほど顔は絶えず変化し
表情のない顔はない

大宅壮一氏は言う
顔とは自分の履歴書をぶら下げているようなものだと
その人の顔を見ればどういう人間かわかると言う
私はそんな大宅氏の顔を見たい思いだ
どれほどの眼力が私に備わっているのかは別だが
「顔こそ我が人生」そんな思いで鏡に向かう
自分の顔は自分でつくるのだ
自分の顔に責任をもたなければ
虚偽が隠されている顔を自覚する
それでも人様の前にさらさなければならないのが顔

医師の回診時、元気な様子を装った。化粧も作用したのか退院も早まった。自分をよく見せようとすることも、健全なこと。見栄も特効薬になる。

平等は資質を高めず

民主主義の原理は万民に平等権を与えた
この権利は諸国家の生活に大転換を図り
不平不満も消え自由になった
ところが長いことこの生活環境に慣れたためか危機が迫っている
肉体や精神が弱体化したこと

今日、人間社会の最大の危機は、人間が弱体化したことである。その原因は、平等というぬるま湯に浸り個性が認められなくなったことである。

個々の違いを無視する傾向が強くなったこと
平等をもたらすために低い方にレベルを揃えてしまったこと
人間を規格化し個性が失われたこと
資質のすぐれた人間を同じ方法で教育していないだろうか
これらの疑問から解放されるには
一人ひとりの確立が大前提
質の高まりはここから育つ
平等は個性を潰すのだ

利害で動くのは悪か

だれにでもある
信頼していた部下に裏切られた話
そういうあなたは慈しみや条理を大切にしてきたか
私もあなたも利益のあるほうになびいたにすぎない

人は物の見方や考え方が違って、当然である。大切なことは、その違いを受け入れ認め合うことである。やがて広い心を持つ人間に育っていく。

大きな声でいえないが本音と建前を使い分けることに
慣れてしまった自分
結局　人間を動かしているのは「利」だけだ
利の裏は欲が支配している
利と欲は表裏だ
人間とはそんなものだと割り切れば腹も立つまい
これを見て悪人というであろうか

遊び心が仕事心

本田技研工業の創立者は本田宗一郎氏である
氏のキャラクターとは　遊びの世界に興味津津
オートバイ・自動車の開発の中でＦ１のカーレースに異常なほど熱中する
好奇心が旺盛でどちらが本業か変わり者で定評
仕事の中に子供っぽさが溢れ遊んでいるのか仕事なのか分からない
ひたすら遊びの世界を楽しんでいた

世界の本田技研工業にのしあがったのは
宗一郎氏の遊び心が基底にある
芸術家　職人　研究者たちを見よ
よい仕事をする人は強制では動かない
自分がやりたいからやるだけ
遊び心の原動力は好奇心なり
大成する人物は子供っぽさを持ち続けているではないか

仏師　松久朋琳さんの「仏の心」に寄せる慈愛とは。
もうこれ以上、ノミで彫れば仏様に傷が付く。あとは仏様が、お出ましになるのを両手でこすりながらお迎えするだけです。木が、わしに教えてくれるんや。

ごまかし

人間の社会はごまかしで覆い隠されていることが多い
だが一つだけごまかしのできないことがある
それは育てる仕事だ
育てることはごまかせない
人間も植物も育てたように育つ
まぎれもない事実だ

だが世の中はごまかせるもので溢れている
作るものはごまかせる
絵画　陶芸　建築などはごまかしがきく
人の目をまぎらす
目先をつくろう
見せかけだけよく中味がないなど多種多様だ
「誤魔化し」とも書くが人間の社会はガラス張りになると
生きられないのではないか

笑ってごまかすことは、
逃げ道をつくる知恵だ。
無垢な赤児は、逃げる道
を知らない。常に青天白
日の如く。赤児は立派な
伝道者。

言い訳は自分を守る手段

子どもも大人も言い訳は同じだ
それでも子どもの方が素直でなさけがある
人は失敗すると言い訳をする
表面をつくろうとするからである
非を認めるには勇気がいる
それを恐れていると
反省の心が育たない

私たちが体験できる最大の美は、感動である。日々の生活の中に、驚きや不思議さをもち続けることである。心のみずみずしさは、感動から生まれる。

とりつくろっていると失敗した原因がどこにあるかつかめない
同じ失敗を繰り返すのはそのためだ
言い訳をしないことが成功への道である
このことを先人たちの実践に学ぶがよい
言い訳は前進ではなく後退であることを
信頼と協力が芽生えるのは失敗を認めることから

レッテルを貼る

レッテルとは商品に張りつける紙札　商標　ラベルのこと
人間の社会もレッテルを貼られた人々が
重荷を背負い隠しながら生きなければならない現実がある
一度はられたレッテルは誰がいつどこで取り去ってくれるのか
自分でとれるのだろうか

苦しむことのできる人は、幸せだ。
よりよく生きようとする、エネルギーに
支えられた向上心の現れ。この苦しみ
は、やがて希望へとつながる恵みである。

墓場まで持っていけと言うのではあるまい
それほど重いのだ
レッテルをつけるのはいとも簡単だ
だが取ることには無関心なのが人間
レッテルを貼られた人の苦しみよりも貼った人の苦悩は
何倍にも大きいのだと
それを感じないのは不憫《ふびん》な人だと思う
ならばレッテルを貼る人ではなく取る人でありたい

幸福は未来に求めない

ほんとうの幸せは彼方にはない
幸福というのは過去にある
あなたの幸せは
私の幸せは
母親の母乳をふくんでいる時のことを想起すれば

他人の幸せを考える、時間を持っていますか。周りの人の喜びの中に、自分の喜びを発見することが、最良の幸福である。

幼児の頃が真の幸福であることが蘇る
母親のふところに抱かれた頃が最高ー
未来に幸せを探すのは何と無意味なことか知る
そうです
真の幸福を知るには不幸の原因を探ること
不幸に向き合い逃げないことである
幸福はあなたの心にあるのだから

散る花は美しい

仕事を成し遂げた人が功績や名声にしがみついているのは見苦しい
いつまでも地位にしがみつくのは墓穴をほるようなもの
とは言え引き際は難しい
引退は充足感の中にも寂しさに駆られ
やがて友も去っていく

自分の座を譲りたくないのは人情だろう
だが
去る者は大きな荷を残してはならない
心残りを再出発のエネルギーに転換することに努めよ
引き際のいさぎよくきれいなさまを読んだ句に
「立鳥や跡をにごさぬ花の波」
新しい生活に夢をふくらませたいものだ

散る花は、精一杯咲くから感動する。
与えられた環境の下で、いのちをひたすら謳歌しているのが羨ましい。

参考文献

『それでもなお生きる』佐々木常夫　河出書房新社
『「生きがい」とは何か』小林　司　NHKブックス
『私を生かした一言』扇谷正造監修　小松左京ほか　大和出版
『人生に息吹をふきこむ』三澤　準　ほおずき書籍
『言葉は人間をつくる』三澤　準　ほおずき書籍
『人生は論語に窮まる』谷沢永一・渡部昇一　PHP研究所
『超訳　ニーチェの言葉』フリードリヒ・ニーチェ　白取春彦編訳　ディスカヴァー・トゥエンティワン
『小さな人生論』1・2・3・4　藤尾秀昭　致知出版社

おわりに
――言葉は人生の指南役――

細やかな言葉を送り届けてきた今、私に語りかけてくるものは、「言葉が人間を大きくし、人が言葉を深くする」そんな思いで、この本を刊行することにしました。みなさんにとって、心に残る一言があったでしょうか。一抹の不安を感じています。

古い話で恐縮ですが、公園のベンチで話していた老夫婦が印象的です。なぜかその言葉が夫婦の生きてきた姿を表しているように思えたからです。

「わしらも若いころから、まっくろになって働いてきた」おじいさんの言葉にうなずいているおばあさん。

「いつお迎えがきても　サヨウナラ　が言えるは――」無言と二人の笑い。寂しげな姿はない。夫婦で長い人生を歩いてきた言葉が、「サヨウナラ」とは何と粋な言葉であろうか。どんな思いで発したか、お聞きしたかったがその場を去りました。普段どこででもかわされている言葉であっても、人柄やその場の雰囲気によって随分と違うものです。それだけに言葉は深みがあるのです。心の使いが言葉だと思います。

夫婦は、見るからに老体でした。だが心はみずみずしく思われました。生活から生まれた重みのある言葉だと、しみじみ感じたものです。

サヨナラだけが人生―。

そんな生き方をしてきた老夫婦ではなかったか。

今回も、出版に際してほおずき書籍の木戸ひろしさんに助言その他で、大変にお世話になりました。特に内容については、細かな点まで指摘を頂きまとめることができました。ここに惜しまない協力をしてくださった、社員の方々に心からお礼を申し上げます。

二〇一五年六月

三澤　準

［著者紹介］

三澤　準（みさわ・じゅん）

1937年長野県生まれ

1961年・1962年名古屋大学教育学部研究生、上田薫教授のもとで「教育方法」について研修。知的障害児の教育と福祉について、57年間にわたり一貫して関わる。

知的障害児施設（八事少年寮）、中学校（特別支援学級）、特別支援学校勤務、東京教育大内地留学、国立特別支援教育総合研究所研修派遣（教育工学分野）、長野県教育センター専門主事、特別支援教育課指導主事、小学校・養護学校校長、特別支援学校校長会長、全国特別支援学校校長会評議委員

文教学院講師・療育支援センター所長

学習指導要領編集協力者及び解説編集協力者（文部科学省）

障害福祉教育賞（NHK 厚生文化事業団）、下中教育賞（学習研究社）受賞

現在、NPO 法人就労支援センター所長

著書：『伸びる子どもたち』（知的障害者育成会）
『知的障害教育の思想と展望』（信州教育出版社）
『人生に息吹をふきこむ』（ほおずき書籍）
『人間は足を踏み外した動物か』（ほおずき書籍）
『人間はもう一人の自分を背負って生きている』（ほおずき書籍）
『言葉は人間をつくる』（ほおずき書籍）

続・言葉は人間をつくる

2015年８月24日　第１刷発行

著　者　三澤　準

発行者　木戸ひろし

発行所　ほおずき書籍株式会社
〒381-0012　長野県長野市柳原2133-5
☎ 026-244-0235
www.hoozuki.co.jp

発売所　株式会社星雲社
〒112-0012　東京都文京区大塚3-21-10
☎ 03-3947-1021

ISBN978-4-434-20940-6

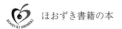